Matthias Gundel

Kreativitäten und Denkwaren

fast poetry with slow words
- Spontanliteratur -

Impressum

Bibliografische Information der Deutschen Nationalbibliothek: Die Deutsche Nationalbibliothek verzeichnet diese Publikation in der Deutschen Nationalbibliografie; detaillierte bibliografische Daten sind im Internet über http://dnb.dnb.de abrufbar.

TWENTYSIX —
der Self-Publishing-Verlag
Eine Kooperation zwischen der Verlagsgruppe Random House und BoD – Books on Demand

© 09/2020 Matthias Gundel

Cover: Martina Gundel

Herstellung und Verlag:
BoD – Books on Demand,
Norderstedt

ISBN: 978 3 7407 6934 5

Hätte ich am Sonntag
gewusst, was für ein
Montag rauskommt, dann
hätte ich am Samstag
schon auf Dienstag
gestellt.

Ich bin kein Bankier
und lebe in keiner Chaussee.
Vielleicht schreib ich ein Exposé
und trink zu viel Tee.
Aber halt: Ich liebe ja Kaffee
und das auf dem Kanapee.
Was für ein Plädoyer,
erst recht keine Odyssee.
Aber jetzt kommt mein Metier,
ganz ohne Schnee und Séparée.
Du musst auch nicht nach Übersee.
Nein, mein Resümee.

Ich will sagen: Danke!
Danke, alles Gute, was passiert.
Bin nicht autorisiert
oder gar couragiert,
wird es nicht kompliziert,
denn Danke sagen
möchte ich immer wagen.
Soweit die Wellen tragen
und wir keine Fragen fragen,
gibt es nichts zu klagen,
schon gar kein Unbehagen.

Danke — ein einfaches Wort,
nur trägt es der Wind selten fort.

Sag mal Danke und lächle,
dabei auf keinen Fall schwächle.

Du wirst sehen, wie wichtig es ist
und es auf keinen Fall vergisst.

So ist es eben im Leben,
Danke geben
und bewahren,
aber auf keinen Fall damit sparen.

Das ist der falsche Pfad,
drum üb dich besser früh als spat.

Wahre Schätze,
wahre Gedanken,
wahre Gefühle
sind in den Erinnerungen verborgen

Mach deine Erinnerungen
zum Anker in stürmischen Zeiten.

Zehre jeden Augenblick
voller Güte und Zuversicht.

Kreativitäten und Denkwaren

Neulich fragte ich mich:
Was ist wirklich wichtig?

Ich blickte umher,
verlor meine Gedanken in
tausend Wortfetzen, die wie
Insekten um mich wirbelten.

Ich hörte anmutige Musik,
aber sie erfüllte mein Herz nicht.

Ich roch lieblichen Duft,
aber diese entzückte mich nicht.

Noch immer fragte ich mich:
Was ist wirklich wichtig?

Ich sah in deine Augen
und hatte die Antwort auf alle
meine Fragen

Das Leben ist manchmal
ganz schön gefährlich,
aber du musst so
manches wagen, um
deinen persönlichen
Erfolg zu spüren.

Kreativitäten und Denkwaren

Danke, dass ihr immer für mich da
seid und mir Hoffnung, Zuversicht
und Mut gebt.

Danke, dass ich euch alles
anvertrauen kann, was mich bewegt.

Danke, dass ich auch in schweren
Stunden getragen werde, damit mir
nicht die Kraft ausgeht.

Danke, dass ihr mein Leben
begleitet, prägt und in viele
Richtungen leitet.

Danke, dass die größte Freude mit
euch einen besonderen Zauber
bekommt.

Kreativitäten und Denkwaren

Wenn ich könnt, wie ich wollt,

dann wäre vieles anders...

dann würde ich mich nicht immer anpassen müssen...

dann würde ich manches auf der Welt ändern...

dann würde ich jede Stunde den Mut eines Storches aufbringen, um sorgenfrei zu fliegen.

Durch dich habe ich Flügel,
die mich stark machen.

Durch dich habe ich die Kraft,
zu wachsen und neue Wege zu gehen.

Durch dich habe ich Zuversicht,
dass doch alles gut bleibt.

Durch dich habe ich Gelassenheit,
um die Fassung zu bewahren, bevor
ich aus dieser springe.

Durch dich habe ich mich gefunden,
ohne mich zu suchen.

Durch dich ist das Leben reich,
mehr als du dir vorstellst.

Eines Abends fragte ich dich:
Was ist der Sinn im Leben?

Du sagtest: Der Sinn des Lebens
ist das Leben selbst.

Auf geht's: Das Leben schreibt
dir selbst die schönsten
Geschichten.
Nimm dein Drehbuch in die Hand!

Unbeschwert, ohne Gedanken
Unbeschwert, ohne Sorgen
Unbeschwert, ohne Angst
Unbeschwert, ohne Vorurteile
Unbeschwert, ohne Anpassung
Unbeschwert leben, um zu leben
Unbeschwert, um zu genießen
Unbeschwert, da vieles schwer
ist

Darum: Lass es mal fallen und
mach es wie die Sonne. Lächle –
lache- sei heiter!

Tiefer als der tiefste Ozean,
höher als der höchste Berg,
weiter als das weiteste Land,
schöner als die schönste Blume,
tiefer als jeder Gedanke,
fester als jeder Stein,
lieblicher als jede Melodie,
fröhlicher als alles Glück,

So spricht wahre Liebe zu dir,
wenn sie dir begegnet.

Kreativitäten und Denkwaren

Fester Glaube versetzt Berge.
Fester Glaube lässt sich wachsen.
Fester Glaube bringt dich weiter.
Fester Glaube zeigt dir den Weg.

Nur du weißt deinen Weg.
Sind die Trampelpfade auch noch so
ausgetreten, es gibt immer
Abzweigungen und neue Richtungen.

Kreativitäten und Denkwaren

Die Schönheit des Augenblicks
besteht in der Gewissheit, dass
sich das Leben immer nur im Hier
und Jetzt abspielt.

Die Schönheit des Augenblicks ist
einzig und allein die Magie des
Besonderen im alltäglichen Dasein
zu erkennen.

Die Schönheit des Augenblicks
besteht darin, dass du manchmal
genau das tust, wonach dir ist
ohne nachzudenken, ob es der Norm
entspricht.

Veränderungen sind manchmal auf der Tagesordnung.

Veränderungen sind manchmal wie ein 3-Gänge Menü: Das Besondere kommt immer dann, wenn du dachtest, du hast schon alles, was du brauchst.

Veränderungen sind der Geist, der deiner Seele Flügel gibt, damit du frei und zuversichtlich bist.

Veränderungen sind das Elixier und die Würze des Lebens.

Mögen die Wellen stark sein,
mach dich nicht klein.

Sei fest wie ein Stein,
ist zwar nicht immer fein.

Bewahre deine Sicht,
werde dabei kein Bösewicht.

Deine Meinung steht,
selbst wenn Zeit schnell vergeht.

Bleib dir treu
und habe keine Scheu:

Es kommt auf den Standpunkt an,
den nicht jeder halten kann.

Kreativitäten und Denkwaren

Verlässlichkeit
Verbindlichkeit

Sorgfältigkeit
Sorglosigkeit

Zuversichtlichkeit
Zuvorkommenheit

Wertvoll
Wertschätzung

Das alles und alle Gedanken, die
dir gerade durch den Kopf gehen,
wünsche ich dir, aber nur, wenn
sie sich gut anfühlen!

Ich bin alles...
Ich bin die Arbeit,
ich bin die unerledigte Aufgabe,
ich bin der gemachte Fehler,
Ich bin die Lösung aller Probleme,
Ich bin aller Groll Anfang,
Ich bin die Beschwerde,
Ich bin der, der alles macht.

Bin ich das alles? Nein!
Ich bin die Liebe um dich.
Ich bin die Freude für dich.
Ich bin der Hafen für dein Schiff.
Ich bin die Kanne für dein Wasser.
Ich bin deine Antwort auf die
wichtigste Frage im Leben.
Ich bin nichts, aber ich bin alles
für dich.

Fragte mich neulich mein Herz:
Was möchtest du sein?

Sagte ich: Das bin ich schon!

Fragte mich nochmals mein Herz:
Was möchtest du sein?

Sagte ich wieder: Das bin ich
schon

Langes Schweigen...

Mag dein Leben auch noch so
viele Unebenheiten haben, denke
immer an die Blume:

Die richtige Pflege macht es.

Und vergiss dabei nicht:
Meistens sind die Blumen die
schönsten auf der Wiese, deren
Blätter nicht alle wie eine
Eins stehen.

Kreativitäten und Denkwaren

Kennst du das?

Kennst du das, wenn es dir gut geht?

Kennst du das, wenn du innere Zufriedenheit spürst?

Kennst du das, wenn du rundum glücklich bist?

Kennst du das, wenn du dich wohl und geborgen fühlst?

Ich hoffe und wünsche dir, dass du das kennst. Es ist nur ein kleiner, aber sehr wichtiger Teil deines Lebens.

Schöpfe Kraft in den Dingen,
die dir große Freude bereiten.

Es ist eine wahre Kunst, das
Wesentliche vom Unwesentlichen
zu unterscheiden.

Oft ist alles nur einen Blick
von dir entfernt.

Lasse die Schatten deiner
Vergangenheit hinter dir.

Die Sonne scheint auch auf
neuen Wegen und ihre Wärme soll
dich erfreuen.

Deine Gegenwart und deine
Zukunft mögen dir stets
Gelassenheit bringen.

Alles andere kommt von selbst.

Alles bleibt gut.

Du musst nur darauf
vertrauen.

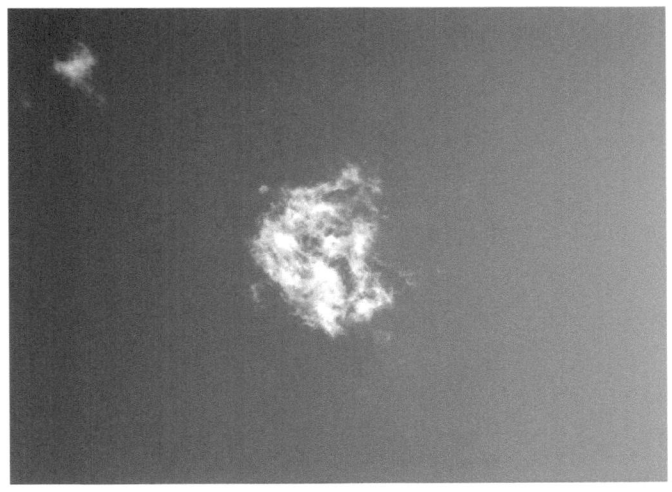

Der Genuss des
Augenblicks liegt in
der Unvollkommenheit
aller Dinge.

Gute Planung ist das
halbe Leben.

Die andere Hälfte ist
meist besser, denn im
Spontanen liegt ein
ganz besonderer Zauber.

Die größte Schwäche ist
es, seine eigenen
Fehler nicht zu
erkennen und noch mehr,
diese zuzugeben.

Kreativitäten und Denkwaren

Heute fließen die Gedanken wie ein Wasserfall
und sind lebendig wie die Hühner im Hühnerstall.

Mag auch noch viel Zeit vergehen,
so sollen sie nicht stillstehen.
Dann muss man sehen,
dass besonders die Schlechten
wieder vergehen.
Am besten soll der Wind sie verwehen.
Die Besonderen sollen bleiben und mich vorantreiben.

Mein lieber Schwan,
das ist ein super Plan.

Vertrauen ist ein unbezahlbares
Geschenk,
daher bitte bedenk:
Geschenke kann man zurückgeben,
aber Vertrauen zu erleben
und auch selbst zu geben
macht das Leben
zu etwas Besonderem eben.

Behüte Vertrauen,
bewahre Vertrauen
und du darfst getrost nach
vorne schauen.

Was nützt es zu
schimpfen?

Die Wolken kommen und
gehen....

Regen bringt Abkühlung
und nach einem Gewitter
ist alles wieder rein.

Sagt man: Das Glas ist halb voll oder halb leer?

Weder noch!

Ich bin froh, dass ich überhaupt ein Glas habe.

Würdest du in deinem Leben im Nachhinein etwas anderes machen?

Nein, die Wege und Erfahrungen haben mich zu dem gemacht, was ich jetzt bin.

Mach aus allem etwas und nimm es an, dann brauchst du auch nicht mehr nach deinen Zielen zu suchen.

Es gibt etwas, was ich
dir unbedingt mit auf
deinen Lebensweg geben
will:

Sei treu und ehrlich zu
dir selbst!

Kreativitäten und Denkwaren

Ist Geduld nur ein Spiel?
Dazu sage ich nicht viel.

Geduld ist eine Tugend,
die man am besten schon in der
Jugend
erkennt und die Chance nicht
verpennt,
diese zu erlernen
von nahen wie in fernen
Begebenheiten
in Groß- und Kleinigkeiten.

Willst du im Leben etwas
erzwingen,
sollst du wissen
vor allen Dingen,
magst du noch darum ringen,
muss dein Handeln auch was
bringen.

Hat es nichts gebracht,
hat es das Schicksal gemacht.

Heute ist ein schöner (),
den ich ganz besonders ().

Mit dir darf ich
verbringen().
Das Ziel ist nicht ().

Freude und Glückseligkeit
Machen sich ().

Die Liebe ist ein
unsichtbares und
zugleich
unzertrennbares Band
zwischen Menschen.

Von beiden Seiten
braucht es immer wieder
Stärkung und Festigung.

Gehe deinen Weg.
Mag dieser noch so
holprig und steinig
sein.
Erfreue dich an den
schönen Blumen am
Wegrand, die immer
wieder aufs Neue
entdeckt werden wollen.

Ich wünsche dir, dass du zufrieden schläfst und mit einem Lachen in den neuen Tag aufwachst.

Vorfreude ist die schönste Freude.

Davon sollst du nicht genug bekommen.

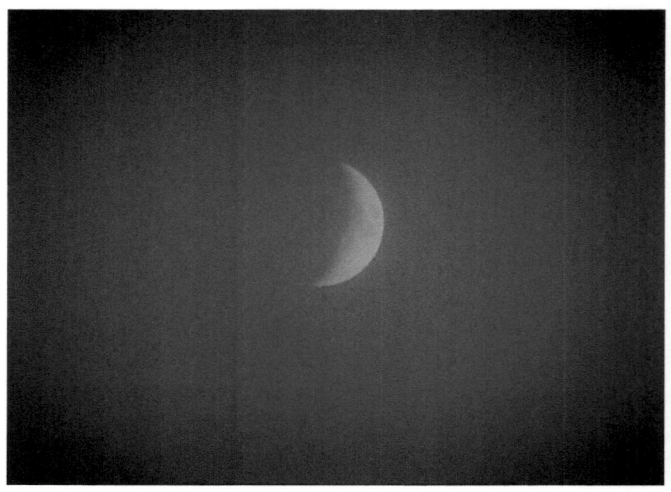

Es ist einer der
unzähligen Momente, die
dir im Leben geschenkt
werden.

Schließe jetzt deine
Augen und genieße ihn.

Glück ist, wenn man zur richtigen Zeit am richtigen Ort ist.

Dafür brauchst du kein Navigationsgerät.

Es lotst dich deine innere Stimme, dein Gefühl und ganz besonders dein Herz.

Kreativitäten und Denkwaren

Vielleicht warten wir noch.
Vielleicht kommt irgendwann mal
der richtige Zeitpunkt.
Vielleicht sollten wir vorher noch
alles andere erledigen.
Vielleicht ist es nicht so wichtig
oder gar notwendig.
Vielleicht haben wir es auch
bisher noch nicht erkannt.

Also: Warum warten?
Warum nicht einfach starten?
Nehmen wir uns die Zeit,
das Gute ist meist nicht weit.
Fangen wir an, Geschichten zu
schreiben,
die uns stets in guter Erinnerung
bleiben.

Kreativitäten und Denkwaren

Alles im Leben hat
seinen Sinn.

Manchmal musst du es
einfach geschehen
lassen, um diesen zu
erkennen.

Mut ist dein Turbo für Entscheidungen.

Etwas verschieben ist nur die Flucht aus der eigenen Realität.

Kreativitäten und Denkwaren

Gemeinsam ist doppelte Kraft.

Gemeinsam ist weitblickender Geist.

Gemeinsam ist doppelte Stärke bei den Herausforderungen unserer Zeit.

Gemeinsam ist das bewusste Erleben des Lebens.

Gemeinsam sind Anfang, Weg und Ziel.

Fragte mich neulich die
Vernunft:

Lebst du dein Leben?
Erreichst du deine Ziele?
Erfüllst du dir deine Wünsche?
Glaubst du an dich?
Bist du glücklich und
zufrieden?

Unzählige Augenblicke ließ ich
jedes einzelne Wort in mir
nachklingen.
Dann lächelte ich aus tiefstem
Herzen, nahm deine Hand und
lief munter singend den
gemeinsamen Weg weiter.

Kreativitäten und Denkwaren

Man lebt nicht auf der Welt, um es allen anderen recht zu machen.

Man lebt auf der Welt, um selbst glücklich zu sein.

Es ist geradezu ein
erhabenes Gefühl, wenn
du deine Freude und
Erfolge teilen darfst.

Das macht dein Leben
leuchtender und gibt
dir Kraft für neue
Ziele.

Dein Herz ist der beste
Wegweiser sowohl in
ruhigen, als auch in
stürmischen Zeiten.

Es alleine kennt deine
Spur...

Kreativitäten und Denkwaren

Erinnerungen sind deine
persönlichen Schätze,
die dir keiner nehmen
kann.

Wahrer Reichtum ist,
wenn du deine Träume in
die Realität umsetzt.

Kreativitäten und Denkwaren

Lass uns wieder lernen,
dass wir das Leben
genießen.

Dann wirst du sagen,
dass die gute, alte
Zeit für immer bleibt.

Dann fühlt jeder von
uns:

    Mir geht´s saugut!

Das Wichtigste im Leben
darf zwischen all den
unwichtigen Dingen
weder übersehen, noch
vergessen werden.

Im Lärm des Alltages
und er Hektik ist eine
Melodie ganz besonders
entscheidend.

Es ist die Melodie
deines Herzens.

Genuss ist eine hohe Kunst.

Darum lass uns Künstler sein, um diese Muse immer wieder aufs Neue zu erleben.

Was braucht es der
Worte viel?

Gemeinsames schweigen
ist das Ergebnis einer
vertrauensvollen und
sicheren Lebenssicht.

Was soll ich dir
schenken?

Nichts, denn durch dich
ist meine persönliche
Lebenswelt unendlich
bereichert worden.

Das ist das größte
Geschenk für mich!

Es gibt ganz gewiss
unzählig viele
eindrucksvolle Plätze
auf dieser Welt.

Einer ist davon ein
ganz besonderer Platz:
der Platz in deinem
Herzen.

Denken ist elementar.

Nachdenken oftmals grundlegend.

Zuviel denken ist wie eine lange Fahrt auf einem Karussell.

Ich war noch nie gerne auf Jahrmärkten.

Die Welt mag immer verrückter
werden...

Die Zeiten mögen immer kurioser
werden...

Das Leben mag immer komplizierter
werden...

Aber eines steht fest:

Der feste Glaube an dich und mich
lässt so manche Situation kommen
und ebenso souverän wieder gehen!

Du fragst dich
vielleicht manchmal
„Warum"? und suchst eine
Antwort.

Schau in dein Inneres
und du wirst überrascht
sein, denn so manche
Lösung lässt sich hier
finden.

Was heißt für dich
Gelassenheit?

**Geh – lassen wir – es
heit (heut)!**

Die Chance, das zu
finden, was man sich
von Herzen wünscht wird
viel größer, wenn man
aufhört, aktiv danach
zu suchen.

Lernen wir wieder,
alles mit viel mehr
Liebe anzugehen!

Veränderungen sind der
Mut mit Vertrauen in
die Zukunft zu schauen

Denn war und ist doch
immer so: Neue Zeiten
kommen und alte Zeiten
gehen!

Glücklich darf man sich
in der Gegenwart
fühlen.

Manchmal besteht das
Glück auch nur aus
erfüllenden Gedanken.

Jeder Tag hält etwas
für einen bereit.

Dazu muss man auch
abwarten können!

Das Herz ist das beste
Gedächtnis.

Gemeinsame Zeit ist ein sehr großes Geschenk.

Nutzen wir daher jede mögliche Situation und Gelegenheit, um das Beste daraus mitzunehmen.

Die Welt mag so
stürmisch und verrückt
sein wie sie will.

Manchmal ist ein
Rückzug auch ein
Wechsel der Perspektive
und bringt neue
Hoffnung.

Alle deine Handlungen und Werke brauchen ein festes Fundament und eine sichere Grundlage.

Vertrauen, Liebe, Geduld, Zuversicht und Verständnis sind dabei nur einige entscheidende Elemente.

Die Muse an erbauenden
Dingen trägt mehr zu
deinem Glück bei als
unzählige Wünsche nach
dem Unerreichbaren.

Du fragst dich:

Was soll ich tun?- Tu es!

Wohin soll ich gehen? – Brich auf!

Warum soll ich nachdenken? – Lass es

Was fühle ich? – Fühle es!

Was ist wichtig? – Du weißt es!

Spring rein in dein Leben und lass es geschehen!

Vorfreude ist die Sonne zu entdecken, wenn sie den Himmel erhellt.

Vorfreude ist Ziele vor Augen zu haben und die Wege dorthin sicher zu gehen.

Vorfreude ist die Spannung auf jeden neuen Moment, den man erleben darf.

Wir laufen durch den Wald.
Der Moment riecht nach mehr.
Die Situation hört sich gut an.
Das Gefühl ist ganz schön groß.
Dort am Horizont ist alles hell und klar.
Lass uns die Zukunft gemeinsam gestalten.
Beginnen wir jetzt!

Sanftmut ist, wenn du
im richtigen Augenblick
und in der passenden
Weise die Segel deines
Schiffes zu setzen
weißt, dass es selbst
bei Orkan sicher in den
nächsten Hafen gelangt.

Jeder hat seine Geschichte und jeder hat sein eigenes Drehbuch und jeder verteilt die Rollen darin und jeder darf die Szenen selbst gestalten und jeder kann auch einen Cut machen.

Bevor du ein „take out" hast, lass es zuerst geschehen. Die besten Szenen sind die ungeplanten und spontanen.

Kreativitäten und Denkwaren

Bedenke, dass alles nur einmal ist.
Bedenke, dass vieles vielleicht unnötig ist.
Bedenke, dass Sorgen und Ängste unnötigen Sprachmüll produzieren. Dabei sollen wir doch nachhaltig leben!

Also:
Dann halt dich daran und konzentrier dich auf das Wesentliche.
Du willst wissen, was das ist?
Hör in dich selbst, dann weißt du die Antwort.

Es ist herrlich, die Natur zu beobachten.
Es ist herrlich, den sanften Wind zu spüren.
Es ist herrlich, die warmen Sonnenstrahlen zu genießen.
Es ist herrlich, den Moment in seiner einmaligen Besonderheit zu erleben.
Es ist herrlich, dass du in meinem Leben bist.

Ich-holung
Du-holung

ERHOLUNG

Sie/Es-holung
Wir-holung
Ihr-holung
Sie-holung

Du bist nicht fort.
Du warst nicht fort.
Du wirst nicht fort sein.

Nein!

Du bist immer da!
Du warst immer da!
Du wirst immer da sein!

Du bist in Gedanken, Worten
und Gefühlen allgegenwärtig

Was kommt?
Was kommt nicht?
Was geht?
Was geht nicht?
Was wird?
Was wird nicht?

Keiner weiß es - ich weiß es!

Und:

Du weißt es auch, denn du
brauchst nur ruhigen Mutes den
Phasen deines Lebens folgen!

Danksagung

Die Idee zu dieser Bilder- und Gedankensammlung entstand im Sommer 2020 bei unzähligen Rundgängen durch unseren Garten.

Ganz herzlich danken möchte ich an dieser Stelle meiner Frau Martina für das kreative und wie immer liebevoll gestaltete Cover.

Kreativitäten und Denkwaren

Bisher veröffentlichte Geschichtensammlungen

- Süßigkeiten zum Lesen
- Weihnachten auf Schloss Fantasie
- Lebkuchengasse
- Zirinis Zauberstube
- Die Zeitzauberfeder

Zum Schluss...

Danke, dass du mit mir diesen kleinen Spaziergang durch den herrlichen und einmaligen Sommergarten gegangen bist.

Deine Gegenwart und deine Begleitung waren mir eine sehr große Freude.